머 리 말

글씨는 그 사람의 인품의 표본이 되며 아울러 인격의 평가가 따르는 것이므로 누구나 글씨를 아름답게 쓰고 싶어하는 것이 인간 공통의 염원인 것이다. 더구나 아름다운 글씨를 쓸 수 있다는 것은 그 나름의 자신이 생겨 정서를 풍요롭게 하며 인격을 향상시킨다.

이 글씨본은 한글·한자를 동시에 익힐 수 있도록 편집하여 펜글씨의 올바른 필체를 본 삼도록 하였다.

한글은 궁체를 본으로 하여 정자와 흘림의 기초부터 정서체를 위주로 숙달할 수 있도록 했으며, 한자는 기초적 기본 점·획부터 짜임새의 변화에 이르기까지 초보자들이 익히기에 알맞게 편서했으며, 특히 한자는 중학생으로부터 고등학생·일반인까지도 글자의 유사성을 분별할 수 있도록 자원적 구조와 형성문자의 음과 뜻을 구분할 수 있게 하여 글자를 오래 기억하는데 도움이 되도록 편집하였으니, 일관성 있는 체봉에 의하여 단계적으로 익히되 기본 점·획은 반복 연습을 거듭하여 글씨학습의 효과를 기대하기 바랍니다.

한글·한자 글씨본

정자체 기초

가 까	다 따	더 떠
닿소리와 홀소리의 간격에 유의한다.	홀소리에 이어쓴 부분과 점의 위치에 유의한다.	닿소리와 홀소리는 띄어 쓰되, 위치에 유의한다.

가	가	까	까	다	다	따	따	더	더	떠	떠
가	가	까	까	다	다	따	따	더	더	떠	떠
가	가	까	까	다	다	따	따	더	더	떠	떠

●공자 (551~479 BC)

중국 주(周)나라 시대 학자. 이름은 구(丘), 자는 중니(仲尼)로 인간의 정신적 이상을 추구하고 덕(德)과 인(仁)을 행위 규범으로 정립시킴.

를	틀	서	써	셔	여
가로 간격을 좁게 쓰되, 고르게 쓴다.		ㅓ의 위치에 유의한다.		ㅕ의 가로 점에 유의한다.	

를	를	틀	틀	서	서	써	써	셔	셔	여	여

●**헤겔** (Hegel 1770~1831 獨)
변증법 철학의 창시자로 주관성을 벗어나서 절대적인 이성존재에 이끌려 가는 인간 행위의 법칙을 정립시켜 과학적으로 분석하는 사고의 전환에 힘씀.

마	바	요	효	흘	훈

닿소리와 홀소리의 간격과, 점의 위치에 유의한다.	ㅛ의 두 점은 닿소리 넓이와 같게 쓴다.	ㅎ의 간격에 유의하며, 아래, 위 닿소리 크기를 같게 한다.

마	마	바	바	요	요	효	효	흘	흘	훈	훈
마	마	바	바	요	요	효	효	흘	흘	훈	훈
마	마	바	바	요	요	효	효	흘	흘	훈	훈

●**칸트**(**Kant 1724~1804 獨**)

비판 철학(순수이성, 실천이성, 판단력 비평등)의 창시자로 계몽사조를 극복하고 도덕적 공리목적에서 시험적 인간행위의 법칙으로 정립시킴.

각	난	달	랄	맘	밥
받침의 끝부분이 ㅣ와 같은 위치에 멈춘다.		받침의 끝부분이 ㅣ와 같은 위치에 멈춘다.		받침의 위치와 크기에 유의한다.	

각	각	난	난	달	달	랄	랄	맘	맘	밥	밥

●사서(四書)

중국 고전의 대학(大學), 중용(中庸), 논어(論語), 맹자(孟子)를 말한다. 학용논맹(學, 庸, 論, 孟)이라고도 함.

삿	섰	탄	턴	항	형
받침 ㅅ의 점은 홀소리보다 오른편에 위치한다.		받침과 닿소리의 간격, 위치에 유의한다.		받침 ㅇ의 위치에 유의한다.	

삿	삿	섰	섰	탄	탄	턴	턴	항	항	형	형

●**비극**(**悲劇** · **Tnagoidia**)

인간의 연민과 공포를 환기하는 사건을 극적으로 묘사하여 모두의 공감속에서 고뇌의 극치를 맛보며 비장의 미를 발휘하는 극이다.

가	가	가			노	노	노		
거	거	거			누	누	누		
고	고	고			뉴	뉴	뉴		
구	구	구			다	다	다		
그	그	그			더	더	더		
까	까	까			도	도	도		
껴	껴	껴			두	두	두		
꼬	꼬	꼬			듣	듣	듣		
꾸	꾸	꾸			따	따	따		
끄	끄	끄			떠	떠	떠		
나	나	나			또	또	또		
냐	냐	냐			뚜	뚜	뚜		
너	너	너			라	라	라		
녀	녀	녀			려	려	려		

로	로				사	사			
루	루				서	서			
를	를				소	소			
마	마				수	수			
머	머				싸	싸			
모	모				써	써			
무	무				쑤	쑤			
바	바				아	아			
버	버				어	어			
보	보				오	오			
부	부				우	우			
빠	빠				자	자			
뽀	뽀				저	저			
뿌	뿌				조	조			

주	주				펴	펴			
차	차				포	포			
처	처				푸	푸			
초	초				하	하			
추	추				허	허			
카	카				호	호			
커	커				후	후			
코	코				개	개			
쿠	쿠				내	내			
타	타				대	대			
터	터				래	래			
토	토				매	매			
투	투				배	배			
파	파				새	새			

애	애	애			앙	앙	앙		
제	제	제			찾	찾	찾		
체	체	체			탈	탈	탈		
캐	캐	캐			판	판	판		
테	테	테			학	학	학		
패	패	패			곡	곡	곡		
해	해	해			논	논	논		
각	각	각			돈	돈	돈		
난	난	난			를	를	를		
닫	닫	닫			물	물	물		
랄	랄	랄			봅	봅	봅		
맘	맘	맘			솟	솟	솟		
밥	밥	밥			옹	옹	옹		
섯	섯	섯			졸	졸	졸		

총	총	총			쿨	쿨	쿨		
콩	콩	콩			툭	툭	툭		
튼	튼	튼			풍	풍	풍		
혼	혼	혼			훈	훈	훈		
국	국	국			갈	갈	갈		
눈	눈	눈			년	년	년		
둔	둔	둔			밀	밀	밀		
룬	룬	룬			곤	곤	곤		
문	문	문			언	언	언		
분	분	분			굴	굴	굴		
숙	숙	숙			둘	둘	둘		
융	융	융			몸	몸	몸		
죽	죽	죽			심	심	심		
출	출	출			빕	빕	빕		

겪	겪	겪			맑	맑	맑		
낚	낚	낚			밝	밝	밝		
닦	닦	닦			붉	붉	붉		
밖	밖	밖			얽	얽	얽		
갔	갔	갔			흙	흙	흙		
있	있	있			젊	젊	젊		
였	였	였			밟	밟	밟		
했	했	했			넓	넓	넓		
봤	봤	봤			엷	엷	엷		
몫	몫	몫			얇	얇	얇		
삯	삯	삯			닳	닳	닳		
얹	얹	얹			앓	앓	앓		
많	많	많			값	값	값		
굵	굵	굵			없	없	없		

홀소리 흘림체 기초

ㅏ ㅗ	ㅑ ㅛ	ㅓ ㅕ
두번째 점은 받침에 붙여 쓰는 요령이다.	점은 비교적 넓게, 받침에 이어쓰는 요령에 유의한다.	홀소리를 중심으로 하여 균형에 유의하여 쓴다.
아 악 간	랴 양 샷	어 여 녀

ㅗ ㅛ	ㄱ ㅈ	ㅐ ㅒ
홀소리에 이어쓰는 요령이다.	모두 연이어 쓴다.	ㅏ, ㅑ는 이어쓰되, ㅣ는 짧게 쓴다.
오 요	우 욱	개 얘

○인간에게 가장 큰 기쁨은 너에게는 불가능하다고 남들이 말하는 일을 이룩하는데 있다.

닿소리 흘림체 기초

ㄱ	ㄱ	ㄲ	ㄲ	ㄲ	ㄱ
ㅏ와 ㅗ에 쓰이는 ㄱ의 변화에 유의한다.		두번째 ㄱ의 크기에 유의한다.		ㅜ, ㅠ, ㅡ에 쓰이되, 아래로 길지 않게 쓴다.	
가	고	까	꼬	끅	그

ㄴ	ㄷ	ㄷ	ㄸ	ㄷ	ㄸ
ㅏ, ㅑ, ㅣ에 쓰이며 아래획을 이어 연결한다.		ㅓ, ㅕ에 쓰이며 아래획은 삐친다.		ㅗ, ㅛ, ㅜ, ㅠ, ㅡ에 쓰이며 아래획은 멈춘다.	
나	다	더	떠	드	뜨

○인생의 진정한 기쁨은 자기보다 못한 사람들과 같이 생활하는데 있다.

ㅏ, ㅓ에 쓰이는 ㄹ의 비교, ㄱ을 쓰고 아래부분 ㄷ은 이어쓴다.

ㅡ와 받침으로 쓰이는 ㄹ의 비교, 끝부분은 멈춘다.

첫째 ㅁ은 ㅏ, ㅓ, ㅣ에 쓰이며 두번째 ㅁ은 ㅗ, ㅜ, ㅡ의 받침으로 쓰임.

라 러 르 을 마 음

받침으로 쓰이는 ㅂ은 이어써도 무방함.

ㅏ와 ㅓ에 쓰이는 ㅅ의 비교.

ㅗ, ㅛ, ㅜ, ㅠ에 쓰이는 ㅅ과 받침으로 이어쓰는 ㅅ의 비교.

바 밥 사 서 소 잇

○사랑은 온유와 인내와 순종과 의리와 소망속에 꽃핀다.

ㅈ	ㅈ	ㅈ	ㅉ	ㅊ	ㅊ
두번째 ㅈ은 ㅓ에 이어쓴다.		ㅗ, ㅜ, ㅡ에 쓰이며 옆으로 넓게 쓴다.		점은 크게 비껴쓰고 아래와 붙지 않는다.	
자	저	즈	쯔	차	처

ㅊ	ㅉ	ㅋ	ㅋ	ㅌ	ㅌ
옆으로 넓게 쓴다.		ㅏ와 ㅜ에 쓰이는 ㅋ의 모양에 유의한다.		가로 간격을 고르게 하며, ㅏ와 ㅓ의 점의 위치에 유의한다.	
추	쪼	카	쿠	타	터

○미는 예술의 궁극적 원리이며 최고의 목적이다.

ㅡ와, 받침으로 쓰이는 ㅌ의 모양, 간격에 유의한다.

ㅡ와 ㅓ에 쓰이는 ㅍ의 멈추고, 삐친 부분에 유의한다.

받침으로 쓰이는 ㅍ의 두 가지 이어쓰는 방법.

두번에 ㅇ를 써도 무방하다.

ㄴ과 ㅎ의 크기가 고르게 한다.

ㄹ에서 ㄱ으로 이어지는 부분에 유의한다.

○음악은 영혼의 등불이요, 의지의 샘이요, 창조하는 신비의 소리다.

ㄼ ㅀ	ㄿ ㄿ	ㅄ ㅄ
크기와 위, 아래 넓이가 고르게 한다.	위보다 아래가 넓게 쓰되, 중심에 유의한다.	ㅂ과 ㅅ의 이어쓰기에 유의한다.

엷 잃	읊 슲	없 없
아래, 위의 균형미에 유의한다.	균형에 유의한다.	ㅅ은 홀소리보다 오른쪽으로 나간다.

○인생 — 이것은 두 개의 영원사이에서 번쩍 빛나는 한 순간의 섬광(閃光)이다.

각	각				렬	렬			
난	난				면	면			
달	달				볍	볍			
랄	랄				셧	셧			
맘	맘				영	영			
밥	밥				졋	졋			
삿	삿				쳔	쳔			
앙	앙				텰	텰			
찻	찻				편	편			
칼	칼				혁	혁			
팔	팔				곡	곡			
할	할				논	논			
격	격				돈	돈			
년	년				록	록			

뭉	뭉	뭉			묻	묻	묻		
붕	붕	붕			붇	붇	붇		
숭	숭	숭			숫	숫	숫		
운	운	운			풀	풀	풀		
풀	풀	풀			춘	춘	춘		
훙	훙	훙			쿵	쿵	쿵		
쿵	쿵	쿵			둥	둥	둥		
툽	툽	툽			풀	풀	풀		
툭	툭	툭			훈	훈	훈		
홍	홍	홍			국	국	국		
국	국	국			눈	눈	눈		
눌	눌	눌			둔	둔	둔		
둔	둔	둔			룰	룰	룰		
룩	룩	룩			숫	숫	숫		

을	을				맑	맑			
즐	즐				밝	밝			
측	측				슭	슭			
큰	큰				흙	흙			
틀	틀				얽	얽			
픈	픈				첤	첤			
흥	흥				밟	밟			
겪	겪				넓	넓			
밖	밖				엷	엷			
있	있				읊	읊			
였	였				슲	슲			
얹	얹				닳	닳			
많	많				앓	앓			
굵	굵				없	없			

인류문명을 이끌어가는 세계사의 중심권

이 아세아 태평양지역이 되는 시대가 도

래하고 있다는 사실을 먼저 깨닫고 다

가오는 이십일세기가 우리 민족의 세계

사적 소명을 구현해야 할 영광의 세기

가 되어야 할뿐 아니라 통일과 번영의

민족사적 과업을 이룩하는 감격의 세

기가 되어야 한다. 소명(召命) 구현(具現)

우리 민족은 시련과 보람으로 점철되었

던 금세기를 마무리하고 새로운 세기를

맞이하는 문턱에 서서 새 세기를 위한

민족적 대비가 있느냐 없느냐 하는 것

이 겨레의 번영과 쇠퇴를 가름하는

결정적 요인이 된다는 것을 자각하고

이 지구상에서 역사적 기회를 균등하

게 부여받은 민족적 과업을 포착하여

위대한 한국인의 위치를 가치 있고

보람있게 정립해 나아가야한다. 그리

하여 세계사 속에 찬란한 자화상을

부각시켜 선도적 역사성을 과시하자

글은 자기자신을 비추어주는 자화상

이다. 이 자화상은 우리가 자기의 현

재를 살피고 앞으로의 자세를 가다듬는

거울이기도 하다. 글을 쓰는 것은 자기

의 과거와 현재를 기록하고 장래를 위

하여 인생의 이정표를 세우는 알뜰한

작업이며 자기 자신의 엉클어지고 흐트

러진 감정을 가라앉힘으로써 다시 고요

한 자신으로 돌아오는 묘방이기도하다.

만일 분노와 슬픔과 괴로움이 있거든 그

것을 종이 위에 적어 보라. 다음 순간,

그 모든 것이 객관적인 사실로 떠오른다.

비록 내일 세계의 종말이 온다 할지라도

"나는 늘 한 그루의 사과나무를 심겠다"

는 말을 생각하면서 아름답게 흐르는

오월의 맑은 햇빛 뜰안에 가득한 새

소리 풀향기 나무냄새 눈부신 신록의

새로운 생명들의 약동하는 모습, 이 모

든 것이 조물주께서 우리에게 부여해준

축복이 아닐 수 없다. 종말(終末) 약동(躍動)

사회의 모든 분야에서 균형발전을 이룩하여

국민다수가 물질적으로나 정신적으로 만족

을 체감하는 풍요롭고 행복한 삶을 누림

은 물론 평화적으로 통일의 신기원을 이룩

하는 자주와 자유와 자립의 부강한 나라

로 발돋움해서 세계사에 으뜸가는 자화상

을 부각시켜 지구촌의 역사적 선도자로서 우

리의 예지와 슬기를 모아 "하면 된다"는

지난날의 경험을 토대로 "함께 하면 더욱

잘 된다"는 새세기를 예비하는 우리 모두의

정신적 지주로 삼아 현실을 직시하여 이

땅에 번영의 새 역사를 창조하자. 부강(富強)

가을산 비탈진 돌길 오르노라니 흰구름

이는 곳에 인가 두세 집, 저녁별 아래 수레

멈추고 단풍잎 바라보니 서리 물든 가을잎

봄꽃보다 더 붉네. 遠山寒山石徑斜 白雲生處有人家

停車坐愛楓林晩 霜葉紅於二月花

비 갠 언덕 위 풀빛 푸른데, 남포로 임 보내는

구슬픈 노래. 대동강 물이야 언제 마르리. 해마

다 이별 눈물 보태는 것을. 태. 별. 것. 물.

세 살 버릇 여든까지 간다.(三歲之習至于八十)

살어리 살어리랏다. 청산에 살어리랏다.(랏)

머루랑 다래랑 먹고 청산에 살어리랏다.(청)

얄리 얄리 얄랑셩 얄라리 얄라. (얄)

우러라 우러라 새여, 자고 니러 우러라 새여 널라

와 시름 한 나도 자고니러 우니로라. 얄리 얄리

얄랑셩 얄라리 얄라. 청산(青山)

귀뚜라미 달, 낙엽, 단풍……우리는 이런 낱말

들만 보고서도 흔히 시정을 느낀다. 우리는 가을

을 조락의 계절로만 파악하여 애수에 사로

잡힐 것이 아니라 이를 극복하는 문력의 길

을 개척해야겠다. 안일하게 영탄만 할 수 없다.

"어떻게 살 것인가" 이 물음은 실천의 문제

다. 그러므로 말하는 사람 자신이 그의 말

대로 실천궁행하지 않는 한 천만어를 나열

한다해도 대답이 되지 않을 것이다. "아침에

도를 들으면 저녁에 죽어도 좋다." 이 말은…

개인이나 국가나 그 생존권을 유지하고 발

전해 나가기 위해서는 끊임없이 밀려오

는 내외의 도전을 극복하고 전진하지않

으면 생존과 발전이 보장되지 못한다.

그러므로 굴복과 좌절이 없는 유비무환이……

주여 때가 왔습니다. 여름은 참으로 길었습

니다. 해시계 위에 당신의 그림자를 얹으

십시오. 들에다 많은 바람을 놓으십시오.

마지막 과실들을 익게 하시고, 이틀만

더 남국의 햇볕을 주시어 그들을 완성시켜,

마지막 단맛이 짙은 포도주 속에 스미게

하십시오. 지금 집이 없는 사람은 집을 짓지

않습니다. 지금 고독한 사람은 이 후로 오래

고독하게 살아 잠자지 않고 읽고, 그리고

긴 편지를 쓸 것입니다.

한자점, 획의 기초

永 (永字八法)

① 側(측)	② 勒(늑)	⑤ 策(책)	⑥ 掠(약)
측 점	가로긋기	치 침	삐 침
③ 努(노)	④ 趯(적)	⑦ 啄(탁)	⑧ 磔(책)
내려긋기	갈고리	짧은삐침	파 임

水	氷	永	泳	詠	悚
물 수	얼음빙	길 영	헤엄칠영	읊을영	견딜영
중심과 좌우균형		측점과 가로긋기의 위치		변과 영자의 위치	

글씨는 마음의 거울이오 인격의 표상이다. 성제 쏨

변의 결구법

氵	扌	木	王	牛
江 강 강	持 지킬지	校 학교교	理 다스릴이	特 특별특
氵 江	扌 持	木 校	王 理	牛 特

衤	米	言	糸	金
禄 옷소리록	料 헤아릴요	論 의논논	絶 끊을절	銀 은 은
衤 禄	米 料	言 論	糸 絶	金 銀

宀	艹	竹	癶	雨
空 빌 공	花 꽃 화	第 차례 제	登 오를 등	雲 구름 운

宀	空	艹	花	竹	第	癶	登	雨	雲

刂	阝	殳	攵	戈
利 이할 리	郡 골 군	設 베풀 설	政 정사 정	伐 칠 벌

刂	利	阝	郡	殳	設	攵	政	戈	伐

받침과 기타의 결구법

廴	辶	走	灬	心
建	道	趙	照	志
세울건	길 도	조나라조	비칠조	뜻 지
廴 建	辶 道	走 趙	灬 照	心 志

皿	㣺	冂	門	夕又
監	恭	同	開	祭
볼 감	공순할공	한가지동	열 개	제사제
皿 監	㣺 恭	冂 同	門 開	夕又 祭

三 석 삼	王 임금왕		正 바를정	至 이를지
買 팔 매	雪 눈 설		室 집 실	督 살필독

三	王	買	雪	雲	五	正	至	室	督

味 맛 미	呼 부를호		吟 읊을음	唯 오직유
加 더할가	知 알 지		助 도울조	初 처음초

味	呼	加	知	江	時	吟	唯	助	初

合 모을합	舍 집 사		各 각각각	谷 골 곡
固 굳을고	國 나라국		問 물을문	間 사이간

合	舍	固	國	困	含	各	谷	問	間

謝 사례사	潮 물결조		辯 말잘할변	徵 부를징
維 오직유	請 청할청		秋 가을추	待 기다릴대

謝	潮	維	請	續	辨	辯	徵	秋	待

부수	훈음	한자
力	더할 가	加
氵	감할 감	減
木	시렁 가	架
言	세울 설	設
口	옳을 가	可
口	아닐 부	否
艹	혹독할 가	苛
酉	심할 혹	酷
亻	거짓 가	假
口	이름 명	名
亻	쉴 휴	休
日	겨를 가	暇
卩	물리칠 각	却
一	아래 하	下
月	다리 각	脚
木	근본 본	本

부수	훈음	한자
干	마를 간	干
氵	가득할 만	満
刂	새길 간	刊
行	행할 행	行
女	간사할 간	奸
言	헤아릴 계	計
月	간 간	肝
月	내장 장	臟
門	사이 간	間
戈	혹 혹	或
竹	대쪽 간	簡
口	홑 단	單
氵	목마를 갈	渴
疒	증세 증	症
立	다할 갈	竭
力	힘 력	力

皿	볼 감	監	監	監			監				
見	볼 시	視	視	視			視				
金	거울 감	鑑	鑑	鑑			鑑				
貝	상줄 상	賞	賞	賞			賞				
刂	굳셀 강	剛	剛	剛			剛				
目	곧을 직	直	直	直			直				
糸	벼리 강	綱	綱	綱			綱				
頁	거느릴 령	領	領	領			領				
金	강철 강	鋼	鋼	鋼			鋼				
金	쇠 철	鐵	鐵	鐵			鐵				
言	욀 강	講	講	講			講				
羊	옳을 의	義	義	義			義				
木	대개 개	槪	槪	槪			槪				
扌	헤아릴 괄	括	括	括			括				
心	슬플 개	慨	慨	慨			慨				
欠	탄식 탄	歎	歎	歎			歎				

부수	훈음	한자
工	클 거	巨
大	큰 대	大
扌	막을 거	拒
糸	끊을 절	絶
足	저리 거	距
隹	떠날 리	離
廴	세울 건	建
竹	쌓을 축	築
亻	굳셀 건	健
广	편안 강	康
木	검사할 검	檢
言	칠 토	討
亻	검소할 검	儉
糸	본디 소	素
刂	칼 검	劍
行	재주 술	術

氵	결단할 결	決
宀	정할 정	定
言	이별할 결	訣
刀	나눌 별	別
八	겸할 겸	兼
耳	벼슬 직	職
言	겸손할 겸	謙
辶	겸손할 손	遜
頁	잠깐 경	頃
刀	시각 각	刻
亻	기울 경	傾
斗	빗길 사	斜
糸	지날 경	經
氵	건널 제	濟
車	가벼울 경	輕
里	무거울 중	重

부수	훈음	한자
攵	공경 경	敬
心	뜻 의	意
言	살필 경	警
宀	살필 찰	察
馬	놀랄 경	驚
田	다를 이	異
立	마칠 경	竟
戈	이룰 성	成
土	경계 경	境
田	경계 계	界
金	거울 경	鏡
至	집 대	臺
糸	계통 계	系
糸	거느릴 통	統
亻	이을 계	係
口	인원 원	員

부수	훈음	한자
口	옛 고	古
足	자취 적	蹟
艹	쓸 고	苦
疒	아플 통	痛
木	시들 고	枯
木	나무 목	木
女	고모 고	姑
毋	어미 모	母
口	굳을 고	固
宀	지킬 수	守
攴	연고 고	故
阝	시골 향	鄕
高	높을 고	高
糸	등급 급	級
禾	원고 고	稿
斗	헤아릴 료	料

부수	훈음	한자
木	과실 과	果
木	나무 수	樹
言	매길 과	課
頁	제목 제	題
宀	벼슬 관	官
氏	백성 민	民
竹	주관할 관	管
玉	이치 리	理
貝	꿸 관	貫
礻	녹 록	祿
心	익숙할 관	慣
亻	전례 례	例
广	넓을 광	廣
口	고할 고	告
金	쇳돌 광	鑛
山	뫼 산	山

부수	훈음	한자
口	글귀 구	句
竹	마디 절	節
扌	잡을 구	拘
木	묶을 속	束
艹	진실로 구	苟
一	또 차	且
水	구할 구	求
心	사랑 애	愛
攴	구제할 구	救
扌	도울 원	援
玉	공 구	球
扌	재주 기	技
八	갖출 구	具
亻	갖출 비	備
亻	함께 구	俱
彳	얻을 득	得

尸	굽을 굴	屈	屈	屈			屈			
月	옷 복	服	服	服			服			
扌	캘 채	採	採	採			採			
扌	팔 굴	掘	掘	掘			掘			
言	증거 증	證	證	證			證			
刀	문서 권	券	券	券			券			
卩	책 권	卷	卷	卷			卷			
攴	셈 수	數	數	數			數			
手	주먹 권	拳	拳	拳			拳			
金	총 총	銃	銃	銃			銃			
力	권할 권	勸	勸	勸			勸			
口	고할 고	告	告	告			告			
木	권세 권	權	權	權			權			
刀	이할 리	利	利	利			利			
土	고를 균	均	均	均			均			
竹	무리 등	等	等	等			等			

부수	훈음	한자
大	기이할 기	奇
田	다를 이	異
宀	부칠 기	寄
宀	잘 숙	宿
八	그 기	其
亻	다를 타	他
土	터 기	基
石	주춧돌 초	礎
月	기약 기	期
彳	기다릴 대	待
欠	속일 기	欺
目	속일 만	瞞
方	깃발 기	旗
手	손 수	手
食	굶주릴 기	飢
食	굶주릴 아	餓

부수	훈음	한자
辰	농사 농	農
木	업 업	業
氵	짙을 농	濃
广	법도 도	度
心	번뇌할 뇌	惱
心	마음 심	心
肉	머리 뇌	腦
衤	속 리	裡
木	박달 단	檀
糸	벼리 기	紀
土	제터 단	壇
一	위 상	上
氵	물맑을 담	淡
水	물 수	水
言	말씀 담	談
言	말씀 화	話

木	복숭아 도	桃	桃	桃	桃
艹	꽃 화	花	花	花	花
扌	도전할 도	挑	挑	挑	挑
癶	필 발	發	發	發	發
足	뛸 도	跳	跳	跳	跳
足	뛸 약	躍	躍	躍	躍
辶	도망 도	逃	逃	逃	逃
走	달릴 주	走	走	走	走
氵	마을 동	洞	洞	洞	洞
曰	모을 회	會	會	會	會
金	구리 동	銅	銅	銅	銅
亻	모양 상	像	像	像	像
肉	몸통 동	胴	胴	胴	胴
骨	몸 체	體	體	體	體
冫	겨울 동	冬	冬	冬	冬
子	계절 계	季	季	季	季

부수	훈음	한자
氵	넘칠람	濫
用	쓸용	用
艹	푸를람	藍
青	푸를청	青
阝	사나이랑	郎
口	임금군	君
氵	물결랑	浪
言	말씀설	説
女	아가씨낭	娘
子	아들자	子
月	밝을랑	朗
言	읽을독	讀
广	행랑랑	廊
一	아래하	下
艮	좋을량	良
心	마음심	心

부수	뜻·음	한자
刀	줄 렬	列
弓	굳셀 강	強
火	매울 렬	烈
士	선비 사	士
刀	나눌 분	分
衣	찢어질 렬	裂
人	하여금 령	令
爿	문서 장	狀
雨	떨어질 령	零
黑	점 점	點
頁	거느릴 령	領
攴	거둘 수	收
山	높을 준	峻
山	고개 령	嶺
玉	옥소리 령	玲
玉	옥소리 롱	瓏

부수	훈음	한자	연습	연습	연습
艹	없을 막	莫	莫	莫	莫
弓	강할 강	强	强	强	强
巾	막 막	幕	幕	幕	幕
門	사이 간	間	間	間	間
氵	아득할 막	漠	漠	漠	漠
火	그러할 연	然	然	然	然
日	길 만	曼	曼	曼	曼
廴	늘일 연	延	延	延	延
氵	아득할 만	漫	漫	漫	漫
言	말씀 담	談	談	談	談
心	게으를 만	慢	慢	慢	慢
心	마음 심	心	心	心	心
亠	망할 망	亡	亡	亡	亡
口	목숨 명	命	命	命	命
心	잊을 망	忘	忘	忘	忘
卩	물리칠 각	却	却	却	却

부수	훈음	필순	한자
木	아무 모		某
虍	곳 처		處
言	꾀할 모		謀
田	간략할 략		略
力	모을 모		募
隹	모을 집		集
心	사모할 모		慕
心	뜻 정		情
日	저물 모		暮
日	봄 춘		春
木	나무 목		木
石	돌 석		石
氵	씻을 목		沐
氵	목욕 욕		浴
女	묘할 묘		妙
扌	재주 기		技

부수	훈음	한자
牛	만물 물	物
貝	재물 자	資
木	아닐 미	未
氵	젖을 흡	洽
口	맛 미	味
儿	으뜸 원	元
宀	잘 숙	宿
氵	잘 박	泊
扌	손뼉칠 박	拍
手	손 수	手
辶	다가올 박	迫
頁	머리 두	頭
十	넓을 박	博
言	알 식	識
艹	엷을 박	薄
口	목숨 명	命

부수	훈음	한자
亻	곁 방	傍
見	볼 관	觀
亻	갑절 배	倍
力	더할 가	加
土	북돋울 배	培
食	기를 양	養
貝	물어줄 배	賠
亻	갚을 상	償
阝	모실 배	陪
宀	살필 심	審
亻	맏 백	伯
亻	버금 중	仲
木	잣 백	柏
木	나무 목	木
几	무릇 범	凡
亻	본뜰 례	例

부수	뜻·음	한자
大	받들 봉	奉
亻	벼슬 사	仕
亻	녹 봉	俸
糸	줄 급	給
目	서로 상	相
辶	만날 봉	逢
糸	꿰맬 봉	縫
衣	옷마를 재	裁
虫	벌 봉	蜂
虫	나비 접	蝶
亻	부칠 부	付
言	부탁할 탁	託
阝	붙을 부	附
口	물건 품	品
竹	부적 부	符
虍	이름 호	號

부수	훈음	한자
比	견줄 비	比
車	견줄 교	較
扌	칠 비	批
刂	판단할 판	判
十	낮을 비	卑
尸	굽힐 굴	屈
石	비석 비	碑
石	돌 석	石
女	종 비	婢
亻	종 복	僕
士	선비 사	士
气	기운 기	氣
亻	벼슬 사	仕
宀	관청 관	官
礻	모일 사	社
曰	모을 회	會

부수	훈음	한자
日	옛 석	昔
人	이제 금	今
心	아낄 석	惜
刀	나눌 별	別
戈	이룰 성	成
木	과실 과	果
土	성 성	城
門	문 문	門
言	정성 성	誠
心	뜻 의	意
皿	성할 성	盛
大	큰 대	大
日	밝을 소	昭
言	상세 상	詳
糸	이을 소	紹
人	중매 개	介

頁	칭송할송	頌	頌	頌			頌				
礻	빌 축	祝	祝	祝			祝				
土	드리울수	垂	垂	垂			垂				
目	곧을직	直	直	直			直				
目	졸 수	睡	睡	睡			睡				
目	졸 면	眠	眠	眠			眠				
言	누구수	誰	誰	誰			誰				
木	아무모	某	某	某			某				
隹	비록수	雖	雖	雖			雖				
火	그럴연	然	然	然			然				
又	아저씨숙	叔	叔	叔			叔				
女	조카질	姪	姪	姪			姪				
氵	맑을숙	淑	淑	淑			淑				
女	계집녀	女	女	女			女				
歹	구할순	殉	殉	殉			殉				
耳	벼슬직	職	職	職			職				

부수	훈음	한자									
齒	이 치	齒	齒	齒			齒				
牙	어금니 아	牙	牙	牙			牙				
艹	싹 아	芽	芽	芽			芽				
艹	싹 묘	苗	苗	苗			苗				
牙	고울 아	雅	雅	雅			雅				
木	풍류 악	樂	樂	樂			樂				
丨	가운데 중	中	中	中			中				
大	가운데 앙	央	央	央			央				
歹	재앙 앙	殃	殃	殃			殃				
心	마음 심	心	心	心			心				
阝	볕 양	陽	陽	陽			陽				
土	땅 지	地	地	地			地				
扌	날릴 양	揚	揚	揚			揚				
水	물 수	水	水	水			水				
木	버들 양	楊	楊	楊			楊				
木	버들 류	柳	柳	柳			柳				

亻	억 억	億	億	億	億
儿	억조 조	兆	兆	兆	兆
肉	가슴 억	臆	臆	臆	臆
氵	헤아릴 측	測	測	測	測
辶	밀 추	追	追	追	追
心	생각할 억	憶	憶	憶	憶
言	번역 역	譯	譯	譯	譯
曰	글 서	書	書	書	書
馬	역마 역	驛	驛	驛	驛
刂	앞 전	前	前	前	前
氵	물가 연	沿	沿	沿	沿
山	언덕 안	岸	岸	岸	岸
金	납 연	鉛	鉛	鉛	鉛
竹	붓 필	筆	筆	筆	筆
車	부드럴 연	軟	軟	軟	軟
示	금할 금	禁	禁	禁	禁

부수	훈음	한자
口	오나라 오	吳
氏	성씨 씨	氏
女	즐길 오	娛
木	즐길 락	樂
言	그르칠 오	誤
言	어긋날 유	謬
亻	거만할 오	傲
心	게으를 만	慢
王	임금 왕	王
宀	집 실	室
日	왕성할 왕	旺
皿	성할 성	盛
木	굽을 왕	枉
臣	임할 임	臨
彳	갈 왕	往
彳	다시 복	復

부수	훈음	한자
力	날랠 용	勇
气	기운 기	氣
氵	솟을 용	湧
水	샘 천	泉
宀	모습 용	容
心	용서할 서	恕
火	녹일 용	熔
金	쇠돌 광	鑛
二	어조사 우	于
儿	먼저 선	先
宀	집 우	宇
宀	집 주	宙
心	어리석을 우	愚
金	둔할 둔	鈍
辶	만날 우	遇
火	그럴 연	然

부수	훈음	한자			
肉	밥통 위	胃	胃	胃	胃
肉	창자 장	腸	腸	腸	腸
戸	바 소	所	所	所	所
言	이를 위	謂	謂	謂	謂
爫	할 위	爲	爲	爲	爲
女	비로소 시	始	始	始	始
亻	거짓 위	僞	僞	僞	僞
口	착할 선	善	善	善	善
亻	클 위	偉	偉	偉	偉
大	큰 대	大	大	大	大
辶	어긋날 위	違	違	違	違
又	돌아올 반	反	反	反	反
攴	아득할 유	攸	攸	攸	攸
攴	아득할 유	攸	攸	攸	攸
心	멀 유	悠	悠	悠	悠
丿	오랠 구	久	久	久	久

阝	숨을 은	隱	隱 隱 隱
身	몸 신	身	身 身 身
衣	옷 의	衣	衣 衣 衣
衣	치마 상	裳	裳 裳 裳
亻	의지할 의	依	依 依 依
貝	의뢰할 뢰	賴	賴 賴 賴
羊	옳을 의	義	義 義 義
玉	이치 리	理	理 理 理
亻	거동 의	儀	儀 儀 儀
弋	법 식	式	式 式 式
言	의논 의	議	議 議 議
日	모을 회	會	會 會 會
口	인할 인	因	因 因 因
糸	인연 연	緣	緣 緣 緣
女	혼인 인	姻	姻 姻 姻
戈	겨레 척	戚	戚 戚 戚

부수	훈음	필순	한자
亻	지을 작		作
木	업 업		業
日	어제 작		昨
人	이제 금		今
一	어른 장		丈
大	사내 부		夫
木	지팡이 장		杖
刂	칼 검		劍
士	장할 장		壯
士	선비 사		士
艹	씩씩할 장		莊
里	무거울 중		重
衣	꾸밀 장		裝
食	꾸밀 식		飾
長	긴 장		長
丿	오랠 구		久

부수	훈음	한자
艹	감출 장	藏
牛	물건 물	物
肉	내장 장	臟
入	안 내	內
木	심을 재	栽
土	북돋울 배	培
衣	헤아릴 재	裁
刀	판단할 판	判
車	실을 재	載
竹	붓 필	筆
广	밑 저	底
心	뜻 의	意
亻	낮을 저	低
肉	능할 능	能
扌	떨칠 저	抵
扌	항거할 항	抗

부수	훈음	한자
攴	다스릴정	政
氵	다스릴치	治
彳	칠 정	征
亻	칠 벌	伐
亠	정자정	亭
子	아들자	子
亻	머무를정	停
止	그칠지	止
一	고무래정	丁
亠	돼지해	亥
言	평론할정	訂
止	바를정	正
頁	이마정	頂
一	위 상	上
氵	맑을정	淨
匕	변화할화	化

부수	훈음	한자
礻	조상 조	祖
一	위 상	上
禾	세금 조	租
禾	세금 세	稅
糸	짤 조	組
糸	짤 직	織
月	아침 조	朝
曰	모을 회	會
氵	물결 조	潮
氵	흐를 류	流
扌	잡을 조	操
糸	길이 종	縱
火	마를 조	燥
氵	목마를 갈	渴
扌	옹졸할 졸	拙
力	용렬할 렬	劣

부수	훈음	필순	한자
木	붉을 주	𠂉八	朱
糸	붉을 홍	糹工	紅
木	뿌리 주	木𠂉八	株
弋	법 식	工弋	式
曰	거듭 증	曾	曾
子	손자 손	子系	孫
土	더할 증	土曾	增
力	더할 가	力口	加
心	미워할 증	忄曾	憎
心	미워할 오	亞心	惡
貝	줄 증	貝曾	贈
口	줄 정	口王	呈
支	지탱할 지	十又	支
广	가게 점	广占	店
木	가지 지	木支	枝
木	기둥 주	木主	柱

부수	훈음	필순	한자
彡	참례할 참	參	參
巾	자리 석	席	席
心	슬플 참	慘	慘
酉	심할 혹	酷	酷
人	곳집 창	倉	倉
广	창고 고	庫	庫
艹	푸를 창	蒼	蒼
穴	빌 공	空	空
氵	물결 창	滄	滄
氵	물결 파	波	波
刀	비로소 창	創	創
廴	세울 건	建	建
扌	캘 채	採	採
木	모을 집	集	集
彡	채색 채	彩	彩
色	빛 색	色	色

부수	훈음	한자									
青	푸를 청	青	青	青			青				
日	봄 춘	春	春	春			春				
氵	맑을 청	清	清	清			清				
氵	시원할 량	涼	涼	涼			涼				
日	개일 청	晴	晴	晴			晴				
日	밝을 명	明	明	明			明				
言	청할 청	請	請	請			請				
水	구할 구	求	求	求			求				
耳	들을 청	聽	聽	聽			聽				
血	무리 중	衆	衆	衆			衆				
广	관청 청	廳	廳	廳			廳				
舌	집 사	舍	舍	舍			舍				
扌	베낄 초	抄	抄	抄			抄				
木	근본 본	本	本	本			本				
禾	바늘 초	秒	秒	秒			秒				
辶	빠를 속	速	速	速			速				

亻	곁 측	側
辶	가까울근	近
氵	헤아릴측	測
宀	정할정	定
氵	잠길침	沈
氵	빠질몰	沒
木	벼개침	枕
木	나무목	木
亻	범할침	侵
田	꾀 략	略
氵	젖을침	浸
水	물 수	水
宀	잠잘침	寢
宀	집 실	室
木	조각판	板
日	글 서	書

氵	포구 포	浦	浦	浦			浦				
口	입 구	口	口	口			口				
扌	잡을 포	捕	捕	捕			捕				
扌	잡을 착	捉	捉	捉			捉				
水	드러날 폭	暴	暴	暴			暴				
禾	이할 리	利	利	利			利				
火	터질 폭	爆	爆	爆			爆				
癶	필 발	發	發	發			發				
氵	폭포 폭	瀑	瀑	瀑			瀑				
巾	펼 포	布	布	布			布				
示	쪽지 표	票	票	票			票				
氵	결단할 결	決	決	決			決				
木	표할 표	標	標	標			標				
白	과녁 적	的	的	的			的				
氵	뜰 표	漂	漂	漂			漂				
氵	흐를 류	流	流	流			流				

부수	훈음	한자
風	바람 풍	風
氵	물결 파	波
丶	붉을 단	丹
木	단풍 풍	楓
皮	가죽 피	皮
革	가죽 혁	革
衤	입을 피	被
口	고할 고	告
彳	저 피	彼
止	이 차	此
疒	피곤할 피	疲
囗	어려울 곤	困
亻	어찌 하	何
心	반드시 필	必
氵	물 하	河
川	내 천	川

부수	훈음	한자
言	그 해	該
田	마땅할 당	當
木	씨 핵	核
心	마음 심	心
阝	험할 험	險
山	높을 준	峻
言	시험 시	試
馬	시험할 험	驗
玄	검을 현	玄
米	쌀 미	米
糸	풍류줄 현	絃
木	풍류 악	樂
刀	형벌 형	刑
罒	벌줄 벌	罰
木	본뜰 모	模
土	본뜰 형	型